BOEKANALYSE

AF126405

Land der Mensen

. . . .

Antoine de Saint-Exupéry

BOEKANALYSE

Geschreven door Evelyne Marotte
Vertaald door Nikki Claes

Land der Mensen

ANTOINE DE SAINT-EXUPÉRY

ANTOINE DE SAINT-EXUPÉRY

FRANS SCHRIJVER EN VLIEGENIER

- **Geboren in 1900 in Lyon**
- **Gestorven in 1944 bij Corsica**
- **Enkele van zijn werken:**
  - *Southern Courier (1929), roman*
  - *Nachtvlucht* (1931), roman
  - *De Kleine Prins* (1943), verhaal

De Franse vliegenier en schrijver Antoine de Saint-Exupéry werd in 1900 geboren in Lyon en stierf in 1944 voor de kust van Corsica tijdens een verkenningsvlucht voor de geallieerden. Als pionier van de postluchtvaart en onvermoeibaar ontdekkingsreiziger publiceerde hij tussen de jaren twintig en dertig zijn eerste literaire werken, waarvan de meeste autobiografisch waren (*Courrier sud*, *Vol de nuit*). *Le Petit Prince* en *Terre des hommes*, die de Grand Prix du roman de l'Académie française wonnen, blijven twee van zijn grootste literaire successen.

LAND DER MENSEN

DE AUTOBIOGRAFIE VAN EEN VLIEGENIERSSCHRIJVER

- **Genre:** roman

- **Referentie uitgaven:**

  - *Terre des hommes*, Parijs, Gallimard, collectie "Folio", 1972, 181 blz.

  - *Terre des hommes*, Parijs, Gallimard, "Folio" collectie, 2001.

- **1re uitgave:** 1939

- **Thema's:** luchtvaart, angst, woestijn, vriendschap, herinnering, leren, heldendom, humanisme, ongeluk, reizen.

Terre des hommes, gepubliceerd in 1939, is de derde roman van Antoine de Saint-Exupéry. Het is grotendeels autobiografisch en vooral een eerbetoon aan het personeel van l'Aéropostale, in het bijzonder aan zijn vrienden Jean Mermoz (1901-1936) en Henri Guillaumet (1902-1940).

De tekst bestaat uit een reeks verhalen gebaseerd op de eigen reizen van de auteur als vliegenier over de wereld. Maar de auteur beperkt zich niet tot het vertellen van zijn avonturen in een heel eigen stijl: elke gebeurtenis is een voorwendsel voor aangrijpende maar ontnuchterende verslagen over de avonturen van de Aéropostale-pioniers, maar ook voor filosofische beschouwingen over vooruitgang, fanatisme en menselijkheid en haar paradoxen.

SAMENVATTING

De epigraaf is een eerbetoon aan Henri Guillaumet, Saint-Exupéry's collega-piloot en baas bij l'Aéropostale. In het voorwoord worden vervolgens de bedoelingen van de auteur uiteengezet: de treffende herinneringen aan zijn ervaring als piloot oproepen door aan te tonen dat het vliegtuig de relatie van de mens met zijn omgeving ingrijpend verandert.

Het eerste hoofdstuk roept herinneringen op aan de opleiding van de auteur als Aéropostale-piloot en zijn eerste vlucht in 1926 op het traject Toulouse-Dakar. Deze eerste pagina's, waarin het autobiografische verhaal verweven is met discursieve passages, bepalen het verteltempo voor het hele werk.

Saint-Exupéry was een vermaard vliegenier. Hij gebruikt zijn ervaring om anekdotes te vertellen en te mediteren over de rol van de machine – "een werktuig, geen doel" (blz. 49) – die het bestaan van de mens voorgoed verandert. Hij ontwikkelt in zijn verhaal de rode metafoor van de soldaat en de kolonist en herinnert zijn tijdgenoten eraan dat, als zij zich tot nu toe als veroverende soldaten hebben gedragen, zij nu moeten leren zich als kolonisten te gedragen en fatsoenlijk te leven in de landen die zij dankzij de technische vooruitgang hebben veroverd.

Hij legt uit hoe vliegen een andere kijk op de wereld geeft. Hij verkiest nu de rechte lijn boven de bochtige wegen van degenen die over land reizen. Vliegen biedt ook een nieuwe visie op landschappen die de verschillende geologische perioden van de planeet en, nog verrassender, "het wonder van de mens" duidelijk maakt. Deze passage sluit af met een lyrisch gedicht gewijd aan de Chileense stad Punta Arenas waar de auteur, "leunend tegen een fontein", het verstrijken van de tijd, de ijdelheid van de mens en de vergankelijke schoonheid van jonge meisjes oproept.

De jonge piloot roept vervolgens de bewondering op die hij heeft voor zijn meer ervaren collega's, en de angst die aan zijn eerste vlucht voorafgaat, met name in de oude omnibus die hem naar het tarmac van de luchthaven brengt. Vervolgens beschrijft hij de troost die hij zocht bij Guillaumet, die de lijn goed kende en hem een heel bijzondere les gaf in de geografie van Spanje, een geografie gezien vanuit de lucht met zowel praktische als poëtische verwijzingen.

Hij brengt een levendig en meesterlijk eerbetoon aan de laatste en richt zich rechtstreeks tot hem. Centraal in het verhaal staat de wonderbaarlijke terugkeer van de piloot naar de Laguna del Diamante in Argentinië, bij de Maipu-vulkaan. Guillaumet vertelt de verteller, die aan zijn bed zit, bij stukjes en beetjes wat hij in de kou en de eenzaamheid heeft doorstaan: "Wat ik heb gedaan, dat zweer ik je, zou geen beest ooit gedaan hebben", vertrouwt hij je toe (p. 40).

De bezorgdheid van de jongeman is voor hem ook een gelegenheid om andere angsten in herinnering te brengen, zoals het wachten op nieuws van zijn kameraad Lécrivain, die tijdens de missie verloren is gegaan. Saint-Exupéry herinnert dan aan Mermoz, de prachtige held, de onverzadigbare avonturier van de Andes. Zijn tragische dood is voor de auteur een gelegenheid om na te denken over de nooit aflatende vriend-schap tussen de piloten van l'Aéropostale, en om terug te denken aan een vliegtuigbreuk en de nacht die hij met zijn vrienden Riguelle en Bourgat in de Mauritaanse woestijn heeft doorgebracht.

Vervolgens herinnert hij zich de Moorse dissidentie en de gevangenschap van Serre en Reine, voordat hij de episode memoreert waarin hij zich midden in de woestijn op een maagdelijk land bevindt, bedekt met "sterrenstof". Deze eer-ste ervaring van de woestijn roept andere op, waaronder die van een nacht in eenzaamheid en de directheid van het bestaan. Vervolgens herinnert hij zich zijn levensomstandig-heden als piloot in Cap Juby in de Sahara, zijn ervaring van leegte en stilte, en de angst voor "rezzous" (razzia's), voor dissidenten.

Hij herinnert zich ook de sfeer van het fort van Port-Étienne in Mauritanië, geleid door de luchthavenchef Lucas, het ver-trek van de post en de waarschuwingen voor cyclonen. Hij legt ook uit dat de opstandige Moren Franse piloten doodden uit angst voor beschaving, en zo het beeld werden van bar-baars fanatisme, niet in staat de vooruitgang te accepteren.

We leren dat toen Saint-Exupéry en Prévot 's nachts op weg waren naar de Nijl, hun vliegtuig neerstortte. De twee man-nen vonden zichzelf totaal verloren in de woestijn, zonder water. De auteur besloot naar het oosten te lopen, maar ten prooi aan luchtspiegelingen keerde hij terug. Uitgedroogd, verliest hij zijn verstand. De twee mannen proberen dauw op te vangen op een parachutedoek, maar het water is niet drinkbaar. Ze verlaten het vliegtuig voorgoed en worden, bijna dood, gevonden door een Bedoeïen (nomadische Arabier en kameeldrijver) uit Libië.

Ter afsluiting van het woestijnthema vertelt de verteller het verhaal van de oude Bark, een herder uit Marrakech die door dissidenten werd ontvoerd, tot slaaf gemaakt en veroordeeld tot de hongerdood. De piloten van Aéropostale bevrijdden hem en organiseerden zijn vertrek naar Agadir waar hij, als "man onder de mensen", zijn inkomsten verspilde door ze uit te delen aan jonge bedelaars.

Saint-Exupéry mediteert over de extreme ervaringen die hij heeft ondergaan waardoor hij tot sereniteit kan komen. Om zijn punt te illustreren vertelt hij het verhaal van een Spaanse anarchistische sergeant, een voormalige accountant in Barcelona, die zijn lot vervult door in Madrid een guerrilla-oorlog te voeren. Vervolgens denkt de auteur na over de begrippen liefde en waarheid, die deel uitmaken van de zoektocht naar zin in elk menselijk engagement. Ten slotte roept hij de herinnering op aan de Poolse mijnwerkers die, uitgeput door het werk, per trein terugkeren naar hun vader-land; uitgebuite mannen die niet in staat waren hun lot in vrijheid te vervullen: "In elk van deze mannen is een beetje Mozart vermoord.

KARAKTERSTUDIE

De personages in *Terre des hommes* bestonden allemaal, met de mogelijke uitzondering van Bark, de slaaf van de dissidente Moren.

DE AUTEUR-VERTELLER

Antoine de Saint-Exupéry werd geboren in Lyon op 29 juni 1900. Hij had een gelukkige jeugd en bereidde zich voor op de Marineschool, maar zakte voor het examen. Daarna vervolgde hij zijn studie aan de École des Beaux-Arts in Parijs.

In 1921, tijdens zijn militaire dienst in Straatsburg, die hij bij de luchtmacht vervulde, leerde hij vliegen. In 1926 trad hij in dienst bij Latécoère, een burgerluchtvaartmaatschappij en de toekomstige Aéropostale, die post vervoerde van Toulouse naar Dakar. Drie jaar later werd hij benoemd tot stationschef van Port Juby in de Rio de Oro, waarna hij in 1930 *Courrier sud* publiceerde, zijn eerste autobiografische roman. Daarna vertrok hij met Mermoz en Guillaumet naar Zuid-Amerika en publiceerde in 1931 *Nachtvlucht*, waarmee hij de Prix Femina won. In 1939 publiceerde hij *Terre des hommes*, zijn tweede autobiografische roman. Tijdens de Tweede Wereldoorlog (1939-1945) sloot hij zich aan bij de bevrijdingstroepen en publiceerde hij *Pilote de guerre* (1942), zijn laatste autobiografische roman, *Lettre à un otage* (1943), een essay dat de voorbode was van het postume werk *Citadelle* (1948), en *Le Petit Prince* (1943).

Hij verdween voortijdig op een verkenningsmissie op 31 juli 1944. Zijn vliegtuig werd waarschijnlijk neergeschoten door een Duits vliegtuig en werd pas in 2004 voor de kust van Marseille teruggevonden.

 ## EEN VERTELLER NAAR HET EVENBEELD VAN DE AUTEUR

De verteller is een jonge vliegtuigpiloot met een passie voor zijn werk. Vol idealen wil hij de hemel veroveren. Hij droomt van weidse ruimtes en bekijkt de wereld met een frisse en esthetische blik, die hij meestal van bovenaf ziet. Hij heeft waarden als werk en respect voor anderen en solidariteit. Bovenal zoekt hij professionele voorbeeldigheid en toont hij grote kalmte en moed tijdens zijn avonturen.

KAMERADEN

Het zijn er veel. Allen, piloten en monteurs, namen deel aan het succes van l'Aéropostale. Ze zijn niet erg spraakzaam, maar discrete en bescheiden helden, moedig en betrouwbaar, aan wie Saint-Exupéry in zijn geschriften voortdurend eer betuigt. Het zijn Mermoz, Guillaumet, Beri, Prévot, Lécrivain, Bury, Riguelle, Bourgat, Laubergue, Marchal en Abgrall.

Jean Mermoz

Jean Mermoz was Saint-Exupéry's beste vriend en de emblematische figuur van de Aéropostale. Hij is geen "toreador", zegt de schrijver, want hij is serieus en vastberaden in zijn werk. Je kunt zijn vriendschap niet kopen, want hij is "een man van voorbeeldige oprechtheid", trouw aan zijn waarden. In 1929 opende hij samen met Henri Guillaumet de Andeslijn, dankzij zijn moed en koppigheid. Enkele maanden later stak hij met succes de Zuid-Atlantische Oceaan over in zijn Latécoère 300, *La Croix-du-Sud*. Het was aan boord van dit vliegtuig dat hij drie jaar later verdween.

Henri Guillaumet

Op 13 juli 1930 stortte Henri Guillaumet, "de grootste piloot van zijn tijd" volgens Didier Daurat, het hoofd van Aéropostale, neer in de Andes. Vervolgens liep hij een week door de sneeuw voordat hij een Andesdorp bereikte en zijn kameraden vond. Om vol te houden dacht hij aan zijn vrouw Noëlle: "Mijn vrouw, als ze denkt dat ik leef, denkt ze dat ik loop. De kameraden geloven dat ik loop. Ze vertrouwen me allemaal. En ik ben een klootzak als ik niet loop. (p. 43) Deze uitbuiting bouwt zijn legende definitief op.

Schors

Bark, wiens echte naam Mohammed ben Lhaoussin is, is een herder uit Marrakech die door de Moren gevangen werd genomen en tot slaaf gemaakt. Saint-Exupéry vertelt zijn verhaal in hoofdstuk VI.

Na tientallen jaren van dienstbaarheid zou deze oude man, in de steek gelaten door zijn meesters, net als zijn lotgenoten moeten verhongeren. Maar Bark accepteert zijn fatale lot niet en vergeet zijn menselijke waardigheid niet. Hij laat de Aéropostale piloten hem uitkopen en stuurt hem naar Agadir.

Als hij daar onder de bedelaars van de stad een ongelukkiger persoon vindt dan hijzelf, geeft hij al zijn geld weg en vindt zo een plaats onder de mensen.

André Prévot

André Prévot was de monteur van Antoine de Saint-Exupéry. Als ervaren navigator was hij ook de handlanger van de schrijver. "Hij is gevoelig voor alle variaties in de geluiden van de vlucht," zegt de auteur met een vleugje bewondering. Hij is bij hem op de dag van het vliegtuigongeluk in de Libische woestijn in Egypte. Verdwaald in de woestijn zonder watervoorraad, schommelend tussen hoop en vechtlust, zwerven ze rond in de hoop een oase te vinden of iemand die hen kan helpen. Ze gaan 60 kilometer zonder drinken. Tijdens deze zwerftocht toonde André Prévot zich voorbeeldig en verdiende hij het respect van Saint-Exupéry, die over hem zei: "Ik heb hem niet één keer horen klagen. Dat is heel goed. Het zou ondraaglijk zijn om hem te horen janken. Prévot is een man. (Folio-uitgave 2001, blz. 145).

Prévot en Saint-Exupéry deelden vele avonturen, met name op de route Parijs-Saigon, maar ook op het promotiecircuit rond de Middellandse Zee in 1935. Onder hun opmerkelijke wapenfeiten mogen we de zoektocht naar luchtroutes om de verschillende Afrikaanse steden te bereiken niet vergeten. In 1937 legden beiden meer dan 9.000 kilometer af om de luchtroute tussen Casablanca, Timboektoe en Bamako te openen.

De Libische bedoeïen

De Libische bedoeïen verschijnt slechts kort in de roman aan het eind van hoofdstuk VII. De lezer ziet alleen zijn "aartsengelhanden" (p. 156), die op de schouders van Saint-Exupéry en Prévot, schipbreukelingen in de woestijn, rusten om hen water aan te bieden. Hij komt uit het niets, redt de twee piloten zonder een woord te zeggen en verdwijnt onmiddellijk. "Jij bent de man", zegt de auteur eenvoudigweg over hem (p. 157).

SLEUTELS TOT HET LEZEN

EEN ATYPISCH AUTOBIOGRAFISCH VERHAAL

De samenstelling

In een sobere en krachtige stijl wisselt Saint-Exupéry discursieve en verhalende passages af. Zijn doel is voornamelijk filosofisch, en de verhalende episodes zijn illustraties van de meditaties van de auteur over het leven, de dood en de menselijke conditie. In tegenstelling tot de discursieve passages vertonen zij een grote verscheidenheid aan tonen, uitdrukkingswijzen en tijden die het voor de lezer moeilijk maken de chronologie van de vertelde gebeurtenissen te volgen. Een typisch voorbeeld van een verhalende passage is het lyrische gedicht gewijd aan de nagedachtenis van Punta Arenas, dat sterk afwijkt van de omringende tekst.

Ondanks deze verscheidenheid, die elk hoofdstuk en subhoofdstuk zijn eigen eenheid geeft, is het werk knap gestructureerd:

• De eerste twee hoofdstukken zijn gewijd aan de mannen die model stonden voor Saint-Exupéry;

• de volgende twee beschrijven het vlak en de planeet, de "Aarde der mensen", nu zichtbaar vanuit de hemel, en dus "overheerst";

- Dan komt het vijfde hoofdstuk, "Oase", dat gaat over de relatie van de mens met het tijdloze en met de natuur, door middel van de evocatie van een Argentijnse familie die in een zeer oud huis te midden van wilde dieren woont;

- Twee hoofdstukken gaan vervolgens over de woestijn, de vijandigheid van de natuurlijke omgeving en de immense eenzaamheid van de man die schipbreuk lijdt in het zand, verstoken van water en de reddende aanwezigheid van zijn medemensen;

- De conclusie, het laatste hoofdstuk, is een terugkeer naar de menselijke samenleving en haar onrechtvaardigheden.

Gevarieerde uitspraak

Zoals in alle autobiografische verhalen brengt de interne vertelling het "ik" van de auteur naar voren, vooral in de discursieve passages, een auteur die zijn herinneringen ophaalt en van zijn ervaringen leert. Deze "ik" is ook die van de verteller, die de leiding van het verhaal op zich neemt en zich laat vermaken door het gedrag en de reacties van het "ik"-personage. Deze confrontatie van de drie "ikken" is vooral zichtbaar in het eerste hoofdstuk, waar we de jonge Saint-Exupéry aan de vooravond van zijn eerste missie verscheurd zien tussen angst en trots, en de verteller de houding van deze beginner ironiseert, terwijl de auteur, die het discours overneemt, de "oude bureaucraten" apostrofieert (p. 21).

Hetzelfde enunciatieve systeem wordt gebruikt voor het eerbetoon aan Henri Guillaumet. De auteur richt zich rechtstreeks tot zijn collega-piloot, in de tweede persoon enkelvoud, en illustreert zijn lofrede met verhalende episodes, in de tweede persoon, om bij stukjes en beetjes Guillaumets relaas van zijn ongeluk te vertellen, en in de eerste persoon om de confrontatie van de verteller met zijn vriend op te roepen.

Het samenspel van persoonlijke voornaamwoorden, tussen de verschillende "ik's" en "jullie", convergeert naar een "wij" waarvan het gebruik steeds terugkeert in het werk, wanneer de gemeenschap van piloten en mannen wordt genoemd.

Tenslotte is er een spel met verteltijden, die aan variaties onderhevig zijn. Saint-Exupéry geeft zijn autobiografische verhalen zo meer effectiviteit en authenticiteit. Verhalende passages in de verleden tijd worden gevolgd door passages in gelijktijdige vertelling, in de tegenwoordige tijd, zoals de vertelling in hoofdstuk VII, die levendiger en spannender wordt. Door de simultane vertelling weet de lezer niet meer of de ontmoetingen van de in de woestijn verdwaalde verteller luchtspiegelingen, hallucinaties of realiteiten zijn.

Met dezelfde zorg voor efficiëntie gebruikt Saint-Exupéry bij voorkeur directe spraak in korte, sobere zinnen om zijn personages aan het woord te laten. De woorden van Guillaumet zijn bijzonder ontroerend en klinken als de eerste waarheden over de mens: "Wat ik deed, dat zweer ik je, zou geen beest ooit gedaan hebben." (p. 40)

De zeer precieze indeling van de hoofdstukken, het naast elkaar plaatsen van verschillende en zeer korte episodes en het spel met verteltijden geven het werk een opmerkelijk tempo.

Wat de stijl zelf betreft, bevat de tekst veel beelden, met name over het thema van de hemel, die bepaalde passages soms de uitstraling van poëtisch proza geven. De natuurelementen worden vaak gepersonifieerd: "De oostenwind steekt op [...]. Haar zwakke zucht bereikt mij nauwelijks" (Folio 2001, blz. 84); "Hier leunt de maan naar het zand, teruggebracht tot het niets door zijn wijsheid" (*ibid.*, blz. 89), of "de maan is dood" (*ibid.*, blz. 114).

Uit de gebruikte termen blijkt duidelijk Saint-Exupéry's tederheid voor zijn vliegtuig, zijn werkinstrument en trouwe metgezel, die hij ook personifieert: "Het vliegtuig, zonder te tuimelen, baande zich een weg op zijn buik met de woede en staartbewegingen van een reptiel. (*ibid.*, blz. 122)

Vele andere stijlfiguren komen in deze tekst voor. Er is bijvoorbeeld een anafoor in de herhaling van "Que sont devenues" (*ibid.*, p. 73) en "on croit que" (*ibid.*, p. 74), of een opeenstapeling in "ces arbres, ces fleurs, ces femmes, ces sourires" (*ibid.*, p. 36). Er zijn ook enkele hyperbolen, zoals "Deze nacht van de vlucht en zijn honderdduizend sterren" (*ibid.*). Er is geen gebrek aan verwijzingen naar de natuur, vergelijkingen en metaforen die daarop betrekking hebben: "Ze geven hem zijn hart dat een wilde tuin is" (*ibid.*, blz. 74). Het verhaal is ook doorspekt met een belangrijk bestiarium: er zijn kikkers (*ibid.*, p. 64), honden, vogels (*ibid.*, p. 71), adders (*ibid.*, p. 73), enz.

De woordenschat over hemel en weer geeft de lezer de indruk over de tekst te vliegen alsof hij of zij aan boord van

Saint-Exupéry's vliegtuig zit en op het landschap neerkijkt. Dit geeft de tekst een lichte, vluchtige sfeer die de poëtische stijl verder versterkt. De auteur mengt vakkundig levensbeschouwingen en filosofische bespiegelingen in zijn verhaal: "Maar er komt een dag dat de vrouw in het jonge meisje ontwaakt […] Dan dient zich een dwaas aan." (*ibid.*, blz. 73-74). Ten slotte wordt de hele tekst soms in de verleden tijd (onvoltooid verleden en samengesteld verleden) en soms in de tegenwoordige tijd verteld.

EEN BIJZONDERE WERELD DIE VOORAFGAAT AAN *DE KLEINE PRINS*

Terre des hommes doet in meer dan één opzicht denken aan de wereld van *Vol de nuit*: er is dezelfde solidariteit tussen de piloten, hetzelfde gevoel van eenzaamheid en macht tijdens de nachtvluchten en hetzelfde gevoel van vreemdheid bij terugkeer aan land. Het personage van Rivière in *Nachtvlucht heeft* alle kenmerken van Guillaumet, en de held van de roman die van Mermoz.

Bovendien lijkt *Terre des hommes* een voorbode te zijn van *De Kleine Prins*:

- In de laatste speelt de actie zich af in hetzelfde woestijnlandschap, "duizend mijl verwijderd van enig bewoond land", en gaat het om een piloot en een jongen van een andere planeet. De woestijn is in beide romans een decor voor echte en noodzakelijke ontmoetingen;

- De personages in de twee werken lijken op elkaar. De zakenman in De *kleine prins doet* denken aan de oude bureaucraten die Saint-Exupéry in het begin van Terre *des hommes aanspreekt* en via wie de schrijver de vervreemding van de moderne mens bekritiseert. De geometer in het verhaal daarentegen doet denken aan Guillaumet die de jonge piloot zijn geografie van Spanje bijbrengt;

- In beide werken zijn identieke elementen aanwezig: het reddende water en de put, maar ook het sterrenstof en verwijzingen naar de sterren in het algemeen. In *Terre des hommes* vinden we ook straatlantaarns die verwijzen naar de planeet van de lantaarnopsteker in *De kleine prins*, degene die de planeten verlicht en zo piloten kan begeleiden bij nachtvluchten;

- Hetzelfde bestiarium bevolkt beide teksten: in *De kleine prins* zijn het een schaap, een vos en een dodelijke slang; in *Land der Mensen* zijn het het Spaanse schaap van Guillaumet, de fennec en adders. De fennec die Saint-Exupéry in hoofdstuk VII tegenkomt, is de voorbode van de vos in *De kleine prins*, die getemd moet worden en die de auteur de gelegenheid biedt een van de mooiste bladzijden uit de literatuur over vriendschap en liefde te schrijven, vergelijkbaar met die gewijd aan Mermoz en Guillaumet in Terre *des hommes* ;

- De kleine prins waakt over zijn planeet en is een goede tuinman; hij belichaamt het menselijke model waar Saint-Exupéry in zijn toespraak om vroeg en die zijn tuin bewerkt in plaats van deze te vernietigen en zich te laten overtuigen door valse ideologieën;

- Bovendien is de mijmering in beide werken aanwezig. Dit blijkt uit het herhaaldelijk gebruik van termen die verwijzen naar de hemel, de sterren, de eeuwigheid. Maar ook een sfeer van zweven en gewichtloosheid die de lezer naar een andere dimensie stuwt en deze tekst een dubbele leesgraad geeft;

- Uit De *kleine prins* en *Terre des hommes komen* nog steeds gemeenschappelijke ideeën naar voren, met name dat de mens eeuwig alleen is in een wereld waar nu het individualisme heerst.

EEN VEELHEID AAN THEMA'S

In *Terre des hommes behandelt* Saint-Exupéry een groot aantal thema's. Sommige zijn filosofisch, andere meer triviaal, maar ze tonen allemaal de stilistische bekwaamheid waar de auteur bekend om staat.

Via de luchtvaart wordt in dit werk dus in de eerste plaats de kwestie van de technologische vooruitgang gepresenteerd aan de hand van historische beschouwingen. Saint-Exupéry stelt bijvoorbeeld dat "de motoren van toen niet de veiligheid boden die de motoren van nu bieden. Ze laten ons vaak plotseling in de steek, zonder waarschuwing, met een grote herrie van gebroken vaatwerk" (*ibid.*, blz. 13). De liefde voor zijn beroep wordt ook goed beschreven wanneer hij verklaart: "Deze nacht van de vlucht en haar honderdduizend sterren, deze sereniteit, deze soevereiniteit van enkele uren, geld kan het niet kopen" (*ibid.,* blz. 36).

Het thema reizen is natuurlijk het thema dat vanaf het begin opduikt. De auteur somt alle bestemmingen op die hij in zijn tijd als piloot heeft ontdekt. Zo overschrijden we op de bladzijden, via de omzwervingen van Saint-Exupéry en zijn metgezellen, de grenzen van Spanje, verleggen we de grenzen van de Sahara, Egypte en Chili. De auteur geeft ons vaak prachtige beschrijvingen die dicht bij poëtisch proza staan.

De dood is ook aanwezig in het hele verhaal. In zijn boek over vliegtuigongelukken vermeldt hij het alomtegenwoordige gevaar voor de piloot: "Zodra ik werd gegrepen, liet ik de besturing los, me vastklampend aan de stoel om niet uit het vliegtuig te worden geslingerd. De schokken waren zo hard dat de riemen pijn deden aan mijn schouders en ik zou eruit gesprongen zijn. (*ibid.,* p. 41) De angst en het gebrek aan water midden in de woestijn deden Prévot en Saint-Exupéry vrezen voor hun naderende dood. Prévot overweegt zelfs zelfmoord.

Humanisme is nog steeds een van de belangrijkste thema's die in dit werk aan bod komen. De solidariteit en vriendschap tussen piloten wordt verheerlijkt door broederschap: "Je kunt de vriendschap van een Mermoz niet kopen van een kameraad die door de samen beleefde beproevingen voor altijd aan ons gebonden is", zegt hij (*ibid.,* p. 35). Saint-Exupéry vertrouwt de lezers zijn geluk toe dat hij zich gesteund en omringd voelt door zijn kameraden: "We lopen lange tijd naast elkaar, opgesloten in onze eigen stilte, of we wisselen woorden uit die niets dragen. Maar hier komt het uur van het gevaar. Dan steunen we elkaar. We ontdekken dat we tot dezelfde gemeenschap behoren" (*ibid.*, p. 37), een zin die boekdelen spreekt over zijn waarden en zijn voor-liefde voor openhartige en viriele vriendschappen. Voor hem is het het gevaar waarmee piloten elke dag geconfronteerd worden dat hen verenigt en hen de kracht geeft om zichzelf te overtreffen. Zijn vriendschap is trouw: "Niets, nooit [...] zal de verloren metgezel vervangen. Men creëert geen oude kameraden. Er gaat niets boven de schat van zoveel gemeenschappelijke herinneringen, zoveel slechte uren samen doorgebracht, [...], van hartsbewegingen. Men bouwt deze vriendschappen niet opnieuw op. (*ibid.*, blz. 35)

Het heldendom wordt ook geprezen door de verschillende avonturen die de helden van het gezelschap Latécoère beleven, en die vaak een gelegenheid zijn om hun uithoudingsvermogen, hun vindingrijkheid en hun vermogen om de juiste beslissingen te nemen te benadrukken, met name de overleving van Guillaumet na zijn crash in de Andes, maar ook die van Saint-Exupéry en Prévot, die op wonderbaarlijke wijze het vliegtuigongeluk in de Sahara overleefden en probeerden te overleven zonder zich te laten overmeesteren door de angst om te sterven.

Ten slotte behoren ook leren en de zoektocht naar inwijding tot de onderwerpen die de auteur aan de orde stelt. Het verhaal begint met zijn intrede in Latécoère in 1926, toen hij nog jong en dus onervaren was. "Daar heb ik het vak geleerd. Op mijn beurt onderging ik, net als mijn kameraden, het noviciaat dat jonge mensen ondergingen alvorens de eer te hebben de post te mogen bekleden [...]. Wij leefden [...] met respect voor de ouderen" (ibid., blz. 11). (*ibid., blz. 11*)

EEN FILOSOFISCHE BESCHOUWING

In zijn hele werk probeert Saint-Exupéry de mens en zijn paradoxen te definiëren. In de woorden van Blaise Pascal (Frans wiskundige, natuurkundige en filosoof, 1623-1662), naar wie de auteur verwijst, is de mens een wezen van "grootsheid en ellende". Hij is groot in zijn gretigheid om te ontdekken en vooruitgang te boeken om zijn toestand te verbeteren, en ellendig in zijn kwetsbaarheid die hem zo nauw afhankelijk maakt van zijn omgeving: "Men denkt dat de mens vrij is... men ziet het touw niet dat hem aan de bron bindt, dat hem als een navelstreng aan de schoot van de aarde bindt."" (p. 149)

Om zijn grootsheid te behouden moet de mens "werkelijk geboren worden", dat wil zeggen zijn bestemming vervullen en zin geven aan zijn bestaan. Saint-Exupéry "houdt er niet van als mensen beschadigd worden" (p. 150), als ze gedwongen worden tot een monotoon leven als consument, voorstadbewoner of expatslaaf (de Poolse arbeiders aan het eind van het boek), een leven waarvoor ze niet gekozen hebben. Hij verzet zich heftig tegen de industriële consumptiemaatschappij, waaraan hij het boerenbestaan verkiest, waarin leven, dood, het doorgeven van een erfgoed en een cultuur betekenis hebben: "Wie strijdt in de enkele hoop op materiële goederen, oogst inderdaad niets wat de moeite waard is om voor te leven." (p. 49)

Om zijn immense ambities waar te maken en zijn natuurlijke zwakheid te verhelpen, moet de mens kunnen rekenen op een universele solidariteit, vergelijkbaar met die welke Saint-Exupéry in de Aéropostale heeft ervaren. Al zijn handelingen moeten gericht zijn op deze collectieve verantwoordelijkheid in dienst van de vooruitgang en de beschaving: "De grootheid van een beroep is misschien vooral het verenigen van mensen: er is maar één ware luxe, en dat zijn menselijke relaties" (blz. 35); "Een man zijn is juist verantwoordelijk zijn." (p. 47) Voor de auteur is eenheid kracht, en door dagelijks schouder aan schouder te staan, door dezelfde beproevingen te delen, neigen mensen naar een gemeenschappelijk doel, namelijk samen te handelen zodat uit hun handelingen iets groters, hogers, een ideaal voortkomt.

Zo haat de auteur alle fanatisme, vooral het politieke en religieuze fanatisme van de dissidente Moren die de vooruitgang afwijzen en piloten doden. "God bedriegt hen" (p. 86), zegt Saint-Exupéry, omdat ze hun leven opofferen voor een paradijs dat de vooruitgang hen zou kunnen brengen als ze kennis van de wereld hadden. Hun onwetendheid verliest hen.

Tenslotte houdt Saint-Exupéry van de machine, het vliegtuig in dit geval, die vooruitgang en kennis mogelijk maakt: "Maar de machine is geen doel. Het vliegtuig is geen doel: het is een instrument. (p. 49); "De machine zelf, hoe meer ze zichzelf perfectioneert, hoe meer ze achter haar rol verdwijnt." (p. 51) Dit "gereedschap" stelt hen echter in staat andere facetten van de aarde te ontdekken: "Hier zijn we dan, veranderd in fysici, biologen, die deze beschavingen onderzoeken die de bodem van de valleien sieren [...] Hier zijn we dan, oordelend over de mens op kosmische schaal, hem observerend door onze patrijspoorten, als door studie-instrumenten." (p. 55)

EEN WERELDBEROEMDE AUTEUR

Terre des hommes en alle andere werken van Antoine de Saint-Exupéry zijn wereldberoemd. De vliegenier is een begrip geworden en blijft miljoenen lezers bekoren, vooral met *De Kleine Prins*, een van de meest gelezen boeken ter wereld. De bekendheid van de auteur is zo groot dat tussen 1996 en 2002 een bankbiljet met zijn beeltenis in omloop was en de luchthaven van Lyon, zijn woonplaats, zijn naam draagt.

Zijn talent als schrijver, zijn dapperheid als vliegenier en zijn hemelse avonturen maakten hem tot een nationale held wiens herinnering niet snel zal vervagen.

MOGELIJKHEDEN TOT BEZINNING

EEN PAAR VRAGEN OM OVER NA TE DENKEN...

- Bestudeer de verschillende voorstellingen van de woestijn in het werk, van het "sterrenstof" tijdens een eerste ervaring van de Sahara in hoofdstuk IV tot de "luchtspiegelingen" van hoofdstuk VII.

- Hoe definieert Saint-Exupéry de vriendschap en solidariteit die de piloten van l'Aéropostale binden? In welk opzicht zijn deze waarden essentieel en fundamenteel voor zijn humanistische filosofie?

- Hoe uit zich de afkeer van de auteur van barbarij en religieus fanatisme in de roman?

- Hoe verklaart Saint-Exupéry de vervreemding van de moderne mens en welke oplossingen ziet hij voor de verbetering van de menselijke conditie?

- Beschrijf aan de hand van de hoofdstukken II en IV over het vliegtuig het geloof van de auteur in vooruitgang en kennis.

- Op basis van de verschillende episodes die de auteur vertelt, reconstrueer de geschiedenis van l'Aéropostale.

- Via de personages van Bark en de kleine Pool, gezien in de trein in het laatste hoofdstuk, geeft Saint-Exupéry commentaar op de begrippen lot en roeping.

- Hoe ziet een held eruit voor de auteur?

- Bestudeer de beelden en de verschillende stijlfiguren en laat zien hoe die het werk een bepaalde toon geven.

- Zie je overeenkomsten in de andere werken van de auteur? Welke?

OM VERDER TE GAAN

REFERENTIE-EDITIES

Saint-Exupéry A. de, *Terre des hommes*, Parijs, Gallimard, collectie «Folio», 1972.

Saint-Exupéry A. de, *Terre des hommes*, Parijs, Gallimard, collectie «Folio», 2001.

BENCHMARKSTUDIES

Estang L., *Saint-Exupéry*, Parijs, Seuil, coll. «Points», 1989.

Saint-Exupéry A. de, *Le Petit Prince*, Parijs, Gallimard, serie «Folio», 1999.

Vircondelet A. *Saint-Exupéry. Vérité et légendes*, Parijs, Éditions du Chêne, 2000.

*We horen graag van jou! Laat
een reactie achter op jouw online bibliotheek
en deel je favoriete boeken op social media!*

De uitgever garandeert de betrouwbaarheid van de gepubliceerde informatie, die echter niet onder zijn verantwoordelijkheid valt.

www.50minutes.com

Master ISBN: 9782808688123
Papier ISBN: 9782808699525
Wettelijk depot: D/2023/12603/1232

Omslag: © Primento

Digitaal ontwerp: Primento, de digitale partner van uitgevers.